GUÍA DE LECTURA

Escrita por Isabelle De Meese
Traducida por Marta Sánchez Hidalgo

Alicia en el país de las maravillas

de Lewis Carroll

Entiende fácilmente la literatura con

ResumenExpress.com

www.resumenexpress.com

LEWIS CARROLL

ESCRITOR, ENSAYISTA, FOTÓGRAFO Y MATEMÁTICO INGLÉS

- **Nacido en 1832 en Daresbury (Inglaterra)**
- **Fallecido en 1898 en Guildford (Inglaterra)**
- **Algunas de sus obras:**
  - *Alicia en el país de las maravillas* (1865), novela
  - *Alicia a través del espejo* (1872), segunda parte de *Alicia en el país de las maravillas*
  - *La caza del Snark* (1876), poema
  - *Silvia y Bruno* (1889), novela

Charles Lutwidge Dodgson (1832-1898) es un escritor inglés más conocido por el seudónimo de Lewis Carroll. En 1854, se diploma en Matemáticas y en Letras en el Christ Church College de Oxford, donde acaba siendo profesor. El año siguiente empieza a escribir relatos cortos y poesía para la revista *The Train*.

Carroll es un apasionado de la fotografía y le gusta tener a niñas pequeñas como modelos, sobre todo a Alice Liddell, una de las hijas del decano, a la que escribe *Alicia en el país de las maravillas* (1865). Reserva su seudónimo para la ficción, sea en verso o en prosa (*La caza del Snark, Silvia y Bruno, Alicia a través del espejo*). Con su verdadero nombre publica ensayos de lógica (*El juego de la lógica*, 1887) y de matemáticas (*Euclides y sus rivales modernos*, 1879).

ALICIA EN EL PAÍS DE LAS MARAVILLAS

UN CUENTO QUE NO DEJA DE MARAVILLAR

- **Género:** cuento
- **Edición de referencia:** Carroll, Lewis. 2015. *Alicia en el país de las maravillas*. Traducido por Jaime de Ojeda. Madrid: Alianza editorial
- **Primera edición:** 1865
- **Temáticas:** metamorfosis, iniciación, maravilloso, sueño, absurdo/sinsentido

Alicia en el país de las maravillas es la mejor obra de Lewis Carroll. Este relato es un auténtico clásico de la literatura inglesa y mundial, y fascina tanto a adultos como a niños desde su publicación en 1865.

El cuento fue un éxito inmediato. Narra la historia de una niña, Alicia, que sigue al Conejo Blanco bajo tierra y descubre el País de las Maravillas. Carroll escribe una segunda parte de las divertidas historias de su heroína en *Alicia a través del espejo*, publicado en 1872. Los dos relatos estaban en su origen acompañados de las ilustraciones de John Tenniel.

RESUMEN

LA BAJADA A LA MADRIGUERA DEL CONEJO

Una niña llamada Alicia se aburre al lado de su hermana cuando, de repente, un conejo blanco pasa corriendo cerca de ella. Parece muy apurado y desaparece en su madriguera. Alicia lo sigue y cae en las profundidades de la tierra. Se encuentra en una sala baja rodeada de puertas cerradas.

En una mesita encuentra una llave dorada que le permite abrir una puerta minúscula que da a un pasillo en cuyo fondo encuentra un jardín encantador al que a Alicia le gustaría llegar, pero es demasiado grande. Un frasco con la etiqueta «Bébeme» surge de la nada y, tras beberlo, Alicia encoge. Sin embargo, la niñita ha olvidado coger la llave. Justo después aparece un pastel bajo la mesa con la inscripción «Cómeme», que le permite crecer.

EL PAÍS DE LAS MARAVILLAS

Alicia llega a los 2,75 m y coge la llave, pero le es imposible atravesar la puerta: llora y sus lágrimas forman un estanque. El abanico y los guantes de cabritilla que tenía el conejo llegan por casualidad a manos de Alicia, lo que la vuelve a hacer encogerse.

Entonces nada en el estanque de lágrimas, donde se cruza con un ratón al que habla de su gata Dina: el ratón se aterra y Alicia, conciliadora, no vuelve a mencionar ningún gato ni perro. Los dos llegan a la orilla con otros animales. En tierra firme, Alicia habla con sus nuevos compañeros. Se preguntan cómo podrán secarse: el Dodo propone una carrera en comité. Después, el Ratón cuenta a la asamblea la razón de su odio a los gatos y perros. En el texto, su relato se presenta con la forma de un caligrama (poema cuyo texto se dispone en forma de dibujo) que compone la cola de un ratón. Como cree que Alicia no le escucha, se ofende y se va.

El Conejo Blanco vuelve: quiere recuperar sus guantes y su abanico. Confunde a Alicia con Mary Ann, su doncella, y le ordena que vaya a buscarlos. La pequeña entra en su casa y encuentra los objetos. Antes de irse, bebe de otro frasco y crece hasta el punto de ocupar toda la casa. El conejo, encolerizado, tira piedras a Alicia, pero éstas se transforman en pasteles. Se come uno, se empequeñece y sale precipitadamente de la casa para ponerse a cubierto.

Luego, la niña encuentra una oruga. Le cuenta que le gustaría volver a su tamaño natural. Le dice que un lado de la seta sobre la que está sentada le hará encogerse, mientras que el otro le hará crecer. Come los dos trozos alternativamente y vuelve a su tamaño natural. Luego, Alicia llega a un claro donde distingue una casita. Para presentarse a los habitantes, vuelve a encogerse.

La pequeña entra en la casa, donde se encuentran la Duquesa, un bebé llamado «Cerdo», el Gato de Cheshire y la cocinera. Entregan el bebé a Alicia, que huye del jaleo. El niño se transforma en cerdo y ella lo abandona en la carretera. Luego, ve al Gato de Cheshire en la rama de un árbol y le pregunta por su camino. Él le asegura que todos los habitantes están locos y desaparece. Alicia llega a la casa de la Liebre de Marzo.

Bebe una taza de té en compañía de la Liebre, el Sombrerero Loco y el Lirón. Piensa que su conversación es absurda y abandona el lugar rápidamente. Entonces distingue una puerta en un árbol, pasa por ella y se encuentra en la habitación del principio de la aventura. Haciéndolo mejor, come un trozo de seta, se encoge y entra finalmente en el jardín.

LA REINA DE CORAZONES

Tres jardineros con forma de cartas están pintando las rosas blancas de rojo para contentar a la Reina. Están hablando con Alicia cuando llegan el Rey y la Reina, precedidos de sus cortesanos. Todos están disfrazados de cartas y empieza un juego de cróquet muy colorido. Alicia distingue a su amigo, el Gato de Cheshire, al que los soberanos quieren decapitar. El gato hace desaparecer su cabeza.

El juego acaba, la Reina presenta a Alicia al Grifo, que la lleva junto a la «Tortuga Artificial». Los tres hablan de su vida escolar pasada y la tortuga sofoca algunas lágrimas. El narrador invita entonces al lector a observar la imagen (una ilustración de John Tenniel) para imaginarse mejor la escena.

El Grifo y la Tortuga explican a Alicia cómo se baila la «Danza de los bogavantes». Luego le piden a la niñita que cuente su historia desde que entró en la madriguera. Después, Alicia recita un poema, pero distorsiona involuntariamente su letra. Cuando la tortuga melancólica canta su canción, le interrumpe el principio de un juicio.

El Rey y la Reina de Corazones están sentados en su trono y comienza el tribunal de justicia. Alicia asiste al juicio de la Jota de corazones, que ha robado las tartas de la Reina. El Conejo Blanco llama uno a uno a los testigos: el Sombrerero, la cocinera y, finalmente, Alicia. El tribunal acusa a esta última: debaten para saber si es culpable o no. La Reina la condena a la pena capital incluso antes de oír el la sentencia, pero Alice se despierta con la cabeza apoyada en el regazo de su hermana.

ESTUDIO DE LOS PERSONAJES

ALICIA

Es la heroína del cuento, pero también una figura impres-cindible de la literatura. Esta niñita curiosa y despreocupada sigue al Conejo Blanco bajo tierra y explora el País de las Maravillas al ritmo de aventuras, a cuál más rocambolesca. Aunque sea altruista y atenta, encuentra diversas criaturas atípicas con las que traba relaciones conflictivas:

- a menudo los ofende porque no conoce las leyes del mundo en el que ha entrado;
- también ocurre que algunos animales se aterrorizan cuando Alicia nombra a su gata Dina. La niñita, de gran corazón, experimenta un malestar físico y psicológico en el mundo de las maravillas, donde no encuentra su lugar;
- no se reconoce;
- ha perdido sus conocimiento del colegio;
- crece y se encoge muchas veces.

Es interesante comprobar que el País de las Maravillas se crea y transforma según los deseos de Alicia, que tiene mu-cha imaginación. Cuando la niña necesita ayuda, aparecen objetos mágicos (como las tartas, los frascos o las llaves).

EL CONEJO BLANCO

El Conejo Blanco de ojos rosas tiene continuamente una carrera a contrarreloj («¡Qué tarde se me está haciendo!» (Carroll 2015, cap. 1)). Es autoritario y serio, y está al servicio del Rey y la Reina. Es también el personaje intermediario que lleva a Alicia del mundo real al País de las Maravillas y a la inversa:

- al principio del cuento, despierta la curiosidad de la niña, que le sigue por la madriguera;
- al final, en el juicio en el que se acusa a la niñita, es también el mediador del tribunal de justicia antes de que Alicia llegue a la realidad al despertarse.

EL GATO DE CHESHIRE

Alicia conoce al gato en casa de la Duquesa. Tiene largas garras, dientes puntiagudos y una sonrisa congelada. El gato, que es encantador con Alicia, tiene la capacidad de aparecer y desaparecer sin parar. También puede mostrar sólo unas partes de su cuerpo y ocultar otras. Es la única criatura a la que la Reina no le puede cortar la cabeza.

El gato es el único personaje con el que Alicia parece contenta de poder hablar: se alegra de encontrárselo varias veces. Además, habla de él como si fuera un amigo.

LA LIEBRE DE MARZO Y EL SOMBRERERO LOCO

La Liebre de Marzo vive en una casa estrambótica: las chimeneas tienen la forma de sus orejas y el techo es de piel. Cuando Alicia llega a su casa, se toma un té con el Sombrerero Loco. Según la pequeña, es la merienda más extraña a la que ha asistido. De hecho, las dos criaturas se pierden en una conversación aparentemente estúpida. Alicia los encuentra maleducados por varias razones:

- la Liebre y el Sombrerero aseguran que no hay sitio para ella en su mesa cuando es mentira;
- la Liebre le ofrece vino aunque no haya;
- también le hace un comentario desagradable sobre su peinado.

Estos dos personajes están eternamente bloqueados en la hora del té, es decir, a las seis de la tarde. De hecho, un día, el Sombrerero cantaba algunas estrofas de una canción y la Reina ordenó que lo decapitaran por haber intentado «carg[arse] al Tiempo» (Carroll 2015, cap. 7) literalmente. No se pronunció su pena, pero desde entonces el Tiempo está irritado y decidió contrariarlo a él y a su amiga la Liebre de Marzo.

Los nombres de las dos criaturas los eligió Lewis Carroll minuciosamente:

- la Liebre de Marzo: en la época del escritor, la expresión «estar loco como una liebre de marzo» era muy corriente. El mes de marzo es también en el que los dos personajes se quedaron bloqueados a las seis de la tarde;
- el Sombrerero loco: la locura del personaje se puede explicar por el hecho de que en la época los sombrereros inhalaban a menudo vapores de mercurio, que provocaban confusión, alucinaciones, etc.

LA REINA DE CORAZONES

Primero la presentan los discursos de los habitantes, que la temen (el Conejo Blanco, la Duquesa, los jardineros, etc.). Es irascible y caprichosa y dice a cada momento: « ¡Que le corten la cabeza! ». Sin que la Reina lo sepa, las decapitaciones nunca tienen lugar porque el Rey de Corazones , cuando la Reina no escucha, dice «Estáis todos perdonados». Los habitantes del País de las Maravillas se burlan de este personaje feroz y tiránico que les coacciona.

CLAVES DE LECTURA

GÉNESIS DE LA OBRA

El señor Liddell, el decano del Christ Church College de Oxford donde Lewis Carroll fue bibliotecario y profesor, tenía tres hijas. La biblioteca era contigua al jardín donde jugaban las niñas y posiblemente así las conoció el futuro autor de cuentos. Las llama Prima (Lorina), Secunda (Alicia) y Tertia (Edith) en el poema del comienzo en el que explica el origen del cuento, como el diario de Lewis Carroll datado el 4 de julio de 1862:

- El escritor narra el contexto de creación de la historia. Es verano, da un paseo en barco con las niñas a la hora del té y ellas le piden una historia:

  > Diario: «Nadamos río arriba [...] con las tres pequeñas Liddell: tomamos el té en la orilla del río y no regresamos con Christ Church hasta antes de las ocho y media»[1]
  > Poema del comienzo: «Surcando la tarde dorada /nos lleva, ociosos, el agua [...] ¡Ah! ¡Qué crueles las tres/ [...] de aquella hora/¡exigen un cuento de una voz sin aliento [...]! (Carroll 2015, poema del comienzo, 31)»

- también sabemos que en este momento Carroll improvisa el cuento:

  > Diario: «En ese momento, les conté una historia fantástica

---

1. Cita traducida por ResumenExpress.com

> llamada "Las aventuras subterráneas de Alicia"»[2]
> Poema del comienzo: «Impuesto, al fin, el silencio/la imaginación las lleva/en pos de esa niña soñada/por un nuevo mundo de raras maravillas (Carroll 2015, poema del comienzo, 31-32)»

- el cuento está particularmente dedicado a Alicia, la inspiradora del relato: «¡Alicia! Recibe este cuento infantil/y deposítalo con mano amable/allí donde descansan los sueños de la niñez/entrelazados [...]» (Carroll 2015, poema del comienzo, 32)

LA CRISIS DE IDENTIDAD

Después de su llegada al País de las Maravillas y a consecuencia de las transformaciones físicas y mentales que sufre, Alicia se pregunta por su identidad («No soy más que... una..., una niñita –dijo Alicia con cierta vacilación» (Carroll 2015, cap. 5)). Esta crisis de identidad es perceptible en varios momentos:

- ha olvidado todo lo que había aprendido en el colegio (geografía, matemáticas, poética, historia, etc.), lo que le molesta porque no puede racionalizar el mundo extraño que le rodea;
- está angustiada por la idea de estar perdida en un universo desconocido y de no volver a su vida normal;
- la metamorfosis está omnipresente y Alicia no deja de crecer y de menguar; siente un profundo malestar;
- el Conejo Blanco cree que es su doncella Mary Ann, una

---

2. Cita traducida por ResumenExpress.com

paloma la confunde con una serpiente, etc.

Podemos interpretar *Alicia en el País de las Maravillas* como una iniciación en el mundo de los adultos porque la heroína está en una situación de aprendizaje constante. Para superar las pruebas necesita sabiduría y perseverancia. Podrá irse del mundo de las maravillas después del juicio final y adquirir así su propia identidad. Además, durante el juicio dice una frase con doble sentido (literal y figurado): «Estoy creciendo» (Carroll 2015, cap. 11). Al final, la hermana mayor de Alicia imagina a su hermana pequeña que se ha convertido en una verdadera mujer y, sin embargo, ha conservado su corazón de niña.

LO MARAVILLOSO Y EL SUEÑO

En el País de las maravillas encontramos elementos y seres característicos de lo maravilloso:

- hablan criaturas insólitas, tienen comportamientos humanos y facultades mágicas (aparecer y desaparecer...);
- la sociedad es artificial y fija porque los habitantes están definidos por el puesto que ocupan (el Rey, la Reina, el lacayo, la sirvienta, la cocinera, etc.);
- a los personajes se les llama por un apodo que los caracteriza (el Gato de Cheshire, la «Tortuga Artificial», la Liebre de Marzo, etc.);
- nos situamos en un lugar espaciotemporal lejano;
- hay objetos mágicos (el pastel para crecer, el frasco para menguar, etc.) y extraños (juegan al cróquet con flamencos rosas, erizos y soldados a modo de palos, bolas

y arcos);
- se producen situaciones extrañas (un bebé se transforma en cerdo, hay personajes atrapados en la hora del té, etc.).

Alicia, constantemente sorprendida, no acepta en absoluto el mundo que descubre: lo suele comparar con la realidad. En el transcurso de la historia, está «tan acostumbrada [...] ya a que sucedieran cosas raras» (Carroll 2015, cap. 6). Además, la obra de Carroll parodia el cuento maravilloso tradicional donde los personajes se unen a su universo.

Además, las aventuras de Alicia pueden considerarse un sueño. De hecho, al principio de la historia la niña se adormece durante su caída larga y lenta en la madriguera del Conejo y al final se despierta: «¡Despierta ya, Alicia! – le dijo su hermana-. ¡Cuánto rato has dormido! – ¡Oh, he tenido un sueño tan extraño!» (Carroll 2015, cap. 12).

EL CONTRASENTIDO Y LOS JUEGOS DE PALABRAS

La heroína declara que «Todo es tan raro hoy» (Carroll 2015, cap. 2). En *Alicia* encontramos una lógica de lo absurdo. El espacio y el tiempo están afectados, al igual que la realidad y la causalidad:

- el gato aparece y desaparece sin parar;
- la Liebre de Marzo y el Sombrerero Loco están bloqueados en la hora del té;
- el tiempo es una persona real;
- la caída en la madriguera es muy lenta, hasta el punto de

que a Alicia le da tiempo a observar y a coger los objetos que encuentra en las estanterías de las paredes del agujero;
- el espacio cambia constante y subrepticiamente;
- los acontecimientos no se encadenan de forma causal: todo llega por casualidad;
- el orden del mundo real no reina en el universo de las maravillas;
- etc.

Los juegos de palabras son un medio que permite a Lewis Carroll explorar el contrasentido. Por ejemplo, en el capítulo «Una merienda de locos», Alicia tiene la sensación de que la conversación de la Liebre de Marzo y el Sombrerero Loco es absurda. Sin embargo, desde un punto de vista lógico, tiene sentido. La obra, de hecho, está marcada por una dialéctica rigurosa, ya que Lewis Carroll era matemático.

El escritor también explora las posibilidades de la lengua por pura fantasía. En su obra encontramos:

- palabras combinadas (neologismo formado por la unión de otras dos palabras; la palabra está adaptada del inglés «potmanteau word», expresión inventada por el mismo Lewis Carroll): la «Tortoise» es una profesora del colegio que hacía pasar a sus alumnos bajo una vara todos los meses, es decir, que ella los medía;
- calambures (juego de palabras agradable que se basa en una ambigüedad entre homófonos u homónimos): «Por eso se llaman «cursos» -explicó el Grifo-, porque se «acortan» de día en día»;
- juegos de palabras: «enseñaba patín y riego» (Carroll

2015, cap. 9).

ALGUNAS PREGUNTAS PARA PROFUNDIZAR EN SU REFLEXIÓN...

- Encuentre los elementos que se hallan en el cuento maravilloso.
- ¿Por qué podemos decir que de cierta manera Lewis Carroll parodia el cuento maravilloso?
- Esta obra es también un relato de aprendizaje. ¿Qué significa esta afirmación?
- ¿Piensa que el autor considera las aventuras de Alicia como un sueño? ¿Y usted, cómo percibe sus aventuras?
- ¿El espacio-tiempo que usa Carroll es realista? Explíquelo.
- ¿Se refleja la formación matemática de Lewis Carroll en *Alicia en el país de las maravillas*? Si es así, ¿a través de qué?
- Esta obra sorprende tanto a los niños como a los adultos. Según su opinión, ¿qué hace que la obra haya podido marcar a un público tan diferente?
- Compare *Alicia en el país de las maravillas* con otros cuentos, como los de los hermanos Grimm y Perrault o incluso a *La bella y la bestia* de Madame Leprince de Beaumont. ¿Cuáles son las diferencias y similitudes que encuentra?
- La obra de Carroll ha sido objeto de numerosas adaptaciones, sobre todo cinematográficas. Compare el cuento con la última adaptación hasta ahora, la de Tim Burton (2010). ¿La película es fiel a la historia y a la atmósfera creada por Lewis Carroll? ¿Qué libertades se toma el director respecto al cuento?

¡Su opinión nos interesa!
¡Deje un comentario en la página web de su librería en línea,
y comparta sus favoritos en las redes sociales!

PARA IR MÁS ALLÁ

EDICIÓN DE REFERENCIA

- Carroll, Lewis. 2015. *Alicia en el país de las maravillas*. Traducido por Jaime de Ojeda. Madrid: Alianza editorial.

ADAPTACIONES

- *Alice in Wonderland*. Dirigida por Cecil Hepworth y Percy Stow, con May Clark y Norman Whitten, 1903.
- *Alice in Wonderland*. Dirigida por Norman Z. McLeod, con Charlotte Henry, Edna Maydivery Gary Cooper, 1933.
- *Alicia en el país de las maravillas*. Dirigida por Dallas Bower y Louis Burin, con Carol Marsh, Pamela Brown y Ernest Milton, 1949.
- *Alicia en el país de las maravillas*. Dirigida por Clyde Geronimi, Wilfred Jackson y Hamilton Luske, 1951. Es un largometraje de animación de los estudios Disney.
- *Alicia en el país de las maravillas*. Dirigida por Tim Burton, con Mia Wasikowska, Johnny Depp y Anne Hathaway, 2010.

OTRAS ADAPTACIONES

- Chavel, David. (guión) y Xavier Collette. (dibujo). 2010. Cómic *Alicia en el país de las maravillas*. Barcelona: Glenat España.
- *Alicia*. Ópera de Federico Ibarra (compositor) y José Ramón Enríquez (libretista). Ópera Nacional (Bellas Artes) de México, 1990.

- de Creeft, José. 1959. Escultura *Alice in Wonderland*, Central Park.

- 20 -